"LE SOUFFLE DE L'ESPRIT"

*collection dirigée*
*par Christian Dumais-Lvowski*



La collection "Le Souffle de l'esprit" se veut le reflet d'une ouverture des uns aux autres, à travers la prière, la réflexion, la méditation. Nous avons demandé à des personnalités religieuses ou laïques, croyantes, athées ou agnostiques, de nous faire part de leurs "prières", qu'elles soient une invocation à Dieu ou une réflexion de sagesse sur l'humain et son devenir.

DE LA MÊME AUTEURE

*LE SOI ET LE RIEN*, Actes Sud, 2002.
*SOLO : POÈMES ET ENCRES*, Alternatives, 2003.
*INANNA*, poèmes de Carolyn Carlson et photographies d'Euan Burnet-Smith, CCN de Roubaix, 2006.
*CAROLYN CARLSON : PARIS VENISE PARIS*, Actes Sud, 2010.
*BRINS D'HERBE*, traduit par Jean-Pierre Siméon, Actes Sud, 2011.
*DIALOGUE AVEC ROTHKO*, traduit par Jean-Pierre Siméon, coll. "Ekphrasis", Invenit, 2011.
*TRACES D'ENCRE*, Actes Sud, 2013.
*WRITINGS ON WATER*, catalogue d'exposition coécrit avec Hélène de Talhouët, Actes Sud, 2017.
*AU BORD DE L'INFINI*, traduit et prefacé par Jean-Pierre Siméon, Le Passeur Éditeur, 2019.


ISBN 978-2-330-19582-3

CAROLYN CARLSON

# un saut dans le bleu

traduit de l'anglais (États-Unis)
par Jean-Pierre Siméon

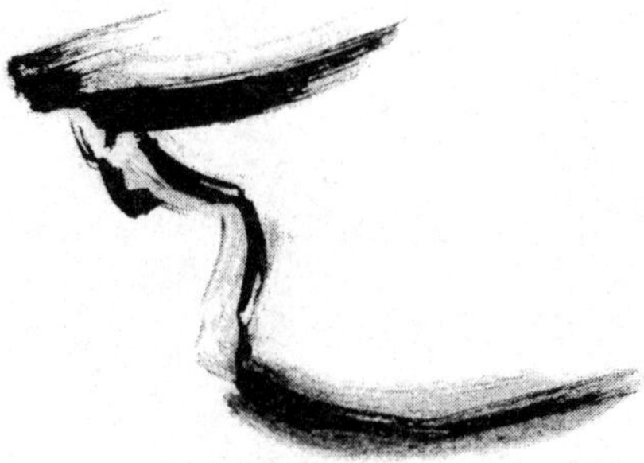

*ACTES SUD*

Qu'est-il advenu de ce miracle : savoir regarder
la nuit étoilée ?
L'art de bondir hors de soi-même

*What happened to the miracles of looking out into*
*the starry night?*
*The art of leaping beyond oneself*

L'odeur des fleurs d'oranger
Forêt, herbe et fraises des bois
Mers salées, nostalgie et mélancolie
ÊTRE UN ENFANT C'EST L'EXPÉRIENCE SOLITAIRE
DE LA DÉCOUVERTE

*The smell of orange blossoms*
*Wild strawberries, forest and grass*
*Salty seas, nostalgia and melancholy*
*BEING A CHILD IS A LONELY*
*EVENT OF DISCOVERY*

Je suis un puzzle à l'intérieur d'une pièce
Des centaines d'éléments à assembler
Pas après pas, geste après geste
Je dénombre 500 désespoirs inutiles
Jetés aux ordures
39 bien mérités
51 où persévérer
Énigmes souterraines
Innombrables racines d'un labyrinthe
Mon visage s'éclaire d'un sourire
Les arbres eux ne tiennent pas de comptes
(les équations mathématiques commencent à zéro)
Choix sans fin dans une vie humaine

*I am a puzzle inside a room*
*Hundreds of pieces to assemble*

*Step by step, hand by hand*
*I count 500 useless despairs*
*Tossed to the garbage*
*39 for good merit*
*51 to carry on*
*Underground enigmas*
*Roots unnumbered in a maze*
*My face lights up in a smile*
*Trees don't keep count*
*(mathematical equations begin with zero)*
*Endless options in a lifetime*

Intuitions de nos facultés imaginantes
La marque de l'unique, notre propre perception
du monde
Ordinaire et extraordinaire

*Insights in minds' imagination*
*The timbre of uniqueness, how we perceive the world*
*Ordinary or extraordinary*

Les vents fouettent les âmes à ma fenêtre
Le loquet cogne, j'ouvre
Entrez je vous en prie
Ni visages, ni regards, ni voix
Portraits de lumière aveuglante

*Winds lash souls at my window*
*Rapping the latch, I open*
*Please come in*
*No faces, no eyes, no voices*
*Portraits of blinding light*

Visible Invisible
Spectacle Éclipse
Une lune en glissant efface le soleil
Voile la vision
Grâce rendue à l'obscur
Elle révèle des anneaux dans les éthers lumineux
Nul jamais ne saisit l'instant
Métamorphoses si vous osez vous en vêtir
Le mysticisme défie la logique

*Seen Unseen*
*Performance Eclipse*
*A moon glides past the sun*
*Shrouds vision*
*In reverence for darkness*
*Reveals rings in ethers of light*
*One can never grasp the moment*

*Transformations if you dare to wear it*
*Mysticism defies logic*

J'ai vu un homme à moustache
Au cœur tranquille
S'accrochant à un bonheur
immobile
Image d'une histoire brésilienne
Figée dans le papier et la colle

*I viewed a mustache man*
*Tranquil of heart*
*Clinging to happiness that does*
*not move*
*Image in a Brazilian story*
*Frozen in paper and glue*

Faits et gestes laissés derrière nous
Pages de calendrier arrachées année après année
Voyageurs du temps se hâtant pour leurs courses
Chaque instant se dresse
Dans des intervalles de silence

*Events we leave behind*
*Calendars scratched out year after year*
*Time travelers running on an errand*
*Each moment stands*
*In gaps of silence*

Bonjour… il y a quelqu'un ?
Plus d'électricité TV-internet coupés
Assieds-toi une minute
Écoute la solitude
Les vents sont notre souffle intérieur
Matrices originelles du son
Gouttes d'eau dans l'immense
Tu es chez toi

*Hello… is anyone here?*
*Electricity cut-TV-internet*
*Sit one minute*
*Listen to aloneness*
*Winds are our inner breath*
*Original wombs of sound*
*Drops in vastness*
*You are home*

5 h 30 levée à l'aube
Ni vent ni bruissement de feuilles
Seulement le bruit de mon cœur qui bat

6 heures Méditation silencieuse
Esprit vide, moi disparu

6 h 40 Le silence vole en éclats
Perdue dans mes pensées, passé et futur, tic-tac de l'horloge

6 h 48 Le silence revient
Intemporalité de la présence
Ce Moment Tel qu'Il Est

*5:30 am at dawn*
*No wind nor leaf stirs*
*Only the sound of my beating heart*

*6:00 am Silent meditation*
*Empty mind, self disappears*

*6:40 am Silence breaks apart*
*Lost in thoughts, past and future ticking of the clock*

*6:48 am Silence returns*
*Timelessness of presence*
*This Moment As It Is*

Privilège de la vie sans mots :
L'ÉTONNEMENT
Avatars resplendissants pour les yeux écarquillés
Nature aux larmes d'herbe verte
Prodiges frissons à fleur de peau
Subjugués par la pluie et son charme éternel
Entre les étoiles ce visuel silence
Toi et moi
Stupéfiantes indéfinissables étoiles
Au miroir de la nature

*A privilege of life without words:*
*WONDER*
*Radiant eyes, wide open avatars*
*Nature with green grass tears*
*Marvels shivering delicate skins*
*In awe of rain enduring allure*

*A visual silence between the stars*
*You and me*
*Amazing undefinable stars*
*Of nature's mirror*

Le visiteur
Teintes bleues du crépuscule
Froissement du vent dans les arbres
Chute dans ton regard de feuilles enlacées
Branches gravées dans leur rugueuse écorce

UN ARBRE

Moment suspendu
d'une inexplicable beauté

Le regard de l'arbre
posé sur toi
Tu te sens aimé

Dans la quiétude du soir
La nature écrit au pinceau

*The Observer*
*Shades of blue paint twilight*
*Winds rustle in the woods*
*Tangled leaves fall in your eye*
*Branches etched in rough bark*

*A TREE*

*A still moment*
*of the beautiful*

*A moment of being looked at*
*A moment of being loved*
*Observing*

*In the hush of the evening*
*Nature brush writings*

Océans en furie brassant leurs eaux d'un noir
de suie
Rivages du Pacifique de mes dessins d'enfance
Marche pieds mouillés sur un lavis d'encre
Un battement dans le cœur de toute histoire
Chacun écrivant son propre script

*Oceans in storm churning lampblack hues*
*Pacific shores of my childhood drawings*
*Wet feet traveling on watered inks*
*A beating in the heart of each one's story*
*Writing his own script*

Des rivières sous la rivière
Courent sur les pierres glissantes
Observateurs de guerre et de frontières
Lois blessées, hommes du territoire
Les eaux recueillent les innocents
Le courant les entraîne sur la terre au-delà
Visions d'un point minuscule dans l'espace
Vivre sur une autre planète ?
Si un génie lit ces mots de grâce qu'il se lève
Qu'il élève sa voix et nous indique
Où aller

*Rivers beneath the river*
*Ride over stumbling stones*
*Watchers of war and borders*
*Wounded laws, men of the land*
*Waters gather the innocent*

*Float them over earth beyond*
*Views of a small dot in space*
*Live on another planet?*
*If you are reading this, can a genius please stand up*
*Raise your voice with another idea*
*Of where to go*

Chercheurs de Vérité
Le regard tenu au fil d'une eau vive
Une femme nage dans son armure d'acier
Lâche prise
Une cuillère d'argent dans ta tasse
Est bonne juge de la réalité et de l'illusion
Pardonne-toi ton rêve de perfection

*Truth Seekers*
*Eye level to a swift flowing current*
*A woman swims in steel armor*
*Lets it go.......*
*A silver spoon in your teacup*
*Weights reality versus illusion*
*Forgive yourself for trying to be perfect*

J'ai crié cœur tremblant
Cœur de pierre
Une bassine de souvenirs amers renversée à mes pieds
Si je ne les avais pas ramassés avec amour et compassion
Je serais plus pauvre d'humanité

*I screamed with a shivering heart*
*of stone*
*A bin of painful recollections beneath my feet*
*Had I not gathered them with love and compassion*
*Poorer would I be of humanity*

Quelque part dans la douceur du soir
Je retrouve Courage
Salue le crépuscule qui s'évanouit en de prodigieuses orbites clignotantes

*Somewhere in the gentleness of this evening*
*I find Courage*
*Greet the twilight vanishing in jangling orbits of wonder*

Un oiseau griffe le ciel de ses serres
Seul dans le repos du bleu
Sur une montagne un arbre vacille
Seul dans le repos du vent
Gravés dans une même image
L'oiseau l'arbre la montagne
Et me vient alors cette pensée
La solitude est un don que se font les hommes

*A bird marks the sky with her claws*
*Alone in a pause of blue*
*On a mountain a tree sways*
*Alone in a pause of wind*
*Etched in the same view*
*Bird tree mountain*
*And then a thought comes to mind*
*Solitude is a gift between men*

Pétale à pétale une marguerite
Serrée dans un livre
Parfums évanescents sur une page
Empreinte des doigts mêlée à la colle
Moi et la marguerite

*Petal by petal a daisy*
*Pressed in a book*
*Vanishing smells on a page*
*Fingerprints entwined in paste*
*I and the daisy*

Le temps a trouvé une arabesque
La jambe tenue à 90 degrés
Une photographie de 1976
Jeunesse dans une image figée
Il était une fois trente ans plus tard
L'affiche d'une Rolls-Royce
Encadrée dans un musée
Une tranche de souvenir

*Time found an arabesque*
*Holds the leg 90 degrees*
*A photograph 1976*
*Youth in a frozen image*
*Once upon a time 30 years later*
*A Rolls-Royce poster*
*Framed in a museum*
*A slice of remembrance*

Mythes, théâtres inaltérables de la réalité
Inventions dans la psyché humaine
Des mondes passent dans un souffle
Dieux et démons
Tourbillons de fantasmes
Miracles de notre destinée
Des anges quittent la terre...

*Myths, ever-enduring theaters of reality*
*Inventions in the psyche of mankind*
*Winds of worlds sweep over*
*Gods and demons*
*Whirlpools of fantasy*
*Awesome images of who we become*
*Angels stepping off the earth...*

Naissance de l'Âme
Nous sommes le Commencement de l'Infini
Au seuil de l'Univers

*Birth of Soul*
*We are the Beginning of the Infinite*
*At the doorstep of the Universe*

Vagues ancestrales
Tombant en un bouquet de roses blanches et
de lilas
Des pétales répandus, mort et renaissance
Une mémoire qui se reconnaît
dans son origine furieuse
Le monde sauvage des eaux profondes

*Ancient waves*
*Tumbling in white roses and lilac*
*Her spill petals, death and rebirth*
*An archetypal memory who sees*
*oneself in wildness*
*A wilderness in deep waters*

Dans les Bois
Je reviens à moi-même
courant et en sueur
Presque là…
Ce plus loin que tu imagines
Tu es partout

*Into the Woods*
*I get back to myself*
*sweating in a run*
*Almost there…*
*The further you imagine*
*you're everywhere*

Les forêts n'exigent pas d'autorisation pour qu'on
y entre
L'arbre a abaissé sa branche
On aurait dit depuis toujours
Ou était-ce il y a seulement une minute
Elle a fait de l'horizon une courbe
Donnant un sens à l'univers chaotique et ordonné

*Forests do not ask permission to enter*
*The tree lowered its branch*
*Forever it seemed*
*Or was it only a minute ago*
*She moved the horizon to a curve*
*Making sense of a chaotic and ordered universe*

Arraché aux bêtes endurantes
Fruit du rêve bourdonnant d'être utile
Les abeilles recueillent le miel pour notre faim
de douceur

*Torn from the wild enduring creatures*
*Sucked in buzzing dreams of service*
*Bees who pluck honey for our desired sweetness*

PIQUE-NIQUE

Pour table une souche – pour chaise un rocher
Un doigt pour fourchette – un cri pour le serpent
Un pépiement pour l'oiseau – une allumette pour
le feu
Vents porteurs de message
Tout alentour est vivant
Hôte des esprits tout chante pour cet après-midi
Conditions réunies d'un jour de grâce

*PICNIC*

*Tree stump for a table-rock for a chair*
*A finger for a fork-a scream for a snake*
*A chip for a bird-a match for a fire*
*Winds for a message*
*Everything around is alive*
*Host of spirits sing for this afternoon*
*Circumstances on a day of grace*

Champs de moutarde, mille petits yeux jaunes
S'abandonnent au soleil
Illuminent l'élan vers le haut

*Mustard fields, a thousand little yellow eyes*
*Gives up to the sun*
*Sparkles the upward reach*

Au bord de la rivière un escargot
collé à la feuille d'une brindille
L'allège de sa coquille pesante
Libère de son fardeau l'homme sur la montagne

*A riverside snail*
*sticks to a leafy twig*
*Off plops its heavy shell*
*Frees the man on mountain of his burden*

Seule dans un café
J'entends pleurer les fleurs coupées
Défaites dans un vase
Découpé dans la porcelaine d'une prière
Érosion de la beauté

*Alone in a café*
*I hear weeping of cut flowers*
*Surrendered to a vase*
*Cut thru a porcelain prayer*
*Erosion of the beautiful*

Éclat du soleil sous le bois
Embrasse la branche qui tombe dans le feu
Lèvres d'une empathie brûlée

*Sunlight under wood*
*Kiss the branch that falls to fire*
*Lips of scorched empathy*

Esprit Ouvert Cœur Ouvert
Voyageurs en mission
Leurs pas disparaissent
éclairant les ténèbres
Même phénomène rythmique
que les étoiles
Esquisse de poésie

*Open Mind Open Heart*
*travelers on a mission*
*vanishing steps*
*shedding light in darkness*
*same rhythmic*
*phenomena of the stars*
*Sketching Poetry*

Nous sommes de pures apparences
On ne peut voir les pensées invisibles,
rêves, imagination et émotions
de l'autre
Marchons ensemble dans la forêt
Les âmes ont leur manière propre
de briser les conventions
Nous n'avons pas échangé le moindre mot
Nous étions beaux

*Visual appearances cannot*
*perceive invisible thoughts,*
*dreams, imagination, emotions*
*of the other*
*Walk with me in the forest*
*Souls have their own way*
*of breaking conventions*

*Not a word was said*
*We were beautiful*

Une nuit se plie dans ses courbes
Parabole d'une ondoyante élégance
Nos visages au vent

Tandis que je forme la lune
Et fais taire ma langue

*A night folds in curves*
*A parabola of sinuous elegance*
*Our faces in the wind*

*While I compose the moon*
*And silence my tongue*

Sur quel bateau voyages-tu ?
Arrache-moi à ton rêve
Tout naît dans ta main
Glissant du rocher

*On what boat do you travel?*
*Pull me from your dream*
*Everything begins in your hand*
*Slipping from the rock*

J'ai ôté une brindille de tes cheveux
Je l'ai accrochée au mur
Pour ne pas oublier combien dehors le monde est
vaste

*I pluck a twig from your hair*
*Hang it on the wall*
*To remember how big the world is out there*

Une image de moi grimpant au ciel
Regardant à travers une vitre cassée
Tu baisses les yeux vers l'eau où des poissons se balancent
Tu t'étends sur un lit de bois dur
Plus légères que l'insupportable amour
Mes pensées concernant l'état des choses là-haut
La proximité d'enfin te connaître en semble soudain plus proche encore

*An image of myself climbing to the sky*
*Looking out a cracked window*
*You lower your eyes over waters where fish dangle*
*You lay on a hard wood bed*
*Lighter than unbearable love*
*My thoughts of how things are up there*
*Which appear to be nearer the proximity of knowing you*

Je porte une seule boucle d'oreille
pour ne pas oublier
Que la mesure n'est pas toujours égale
Entre petite et grande conscience

*I wear one earring to remind myself that*
*Things are not always in balance*
*Between the small mind and the big mind*

J'arrive à l'improviste
Nomade des terres nouvelles
Un sac à l'épaule du temps
Un bateau sur une mer agitée
Une baleine soulève une vague
Siffle un chant
Je suis une nomade
Une parmi des millions

*I arrive unexpected*
*A nomad of new lands*
*A sack over the shoulder of time*
*A boat over churning waters*
*A whale lifts a wave*
*Whistles a song*
*I am a nomad*
*One among millions*

Un fil de lumière dans la fissure du mur
L'image chérie de ma mère
À tous toujours quelqu'un manque

*A slip of light thru a crack in the wall*
*A beloved image of mother*
*We all miss someone*

Donner à l'autre sans retour ce que nous avons
aimé
Accepter l'impermanence est une liberté sans prix
Partir les mains vides
Comme un arbre abandonnant ses feuilles
rend grâce pour une vie bien arrosée
Dans le perpétuel mouvement de l'amour

*To give what we have loved to another without*
*return*
*To bear impermanence is a precious freedom*
*To leave with empty hands*
*Like a tree surrendering her leaves*
*in reverence for a life well-watered*
*Motions in the measures of love*

Par-delà le sommet
Un poète saute dans le bleu
Lève la main pour demander
“Quelle est la définition de l’Amour ?”
Tout en bas la machine bégaie
Bredouille des syllabes
Les circuits rendent l’âme
Programme impossible

*Over the summit*
*A poet leaps into the blue*
*Waves his hand in question*
*“What is the definition of Love?”*
*The machine below stutters*
*Mumbles syllables*
*Circuits snap*
*Program impossible*

Essuie tes pieds
Avant d'entrer
Ne me parle pas d'amour
Sois là seulement sans un mot

*Wipe your feet*
*Before you enter*
*Don't speak to me of love*
*Just be there without a word*

Il est un ravissement dont nul ne se souvient
Le temps d'un battement de cils
Silence

*There is a rapture that no one remembers*
*Between the twinkling of an eye*
*Silence*

Les racines vont profond dans la famille des choses
Rends tes mains à l'eau
Tes larmes d'arbres verdoyants
Montagnes de mythes enflés
Souffrance qui consent au silence
Avoir le courage de raconter des histoires
C'est faire des miracles
Sans boussole

*Roots reach into the family of things*
*Return to the waters your hands*
*Your tears of greening trees*
*Mountains of swollen myths*
*Suffering that bears silence*
*Courage to tell the tales*
*Knows miracles*
*Without a compass*

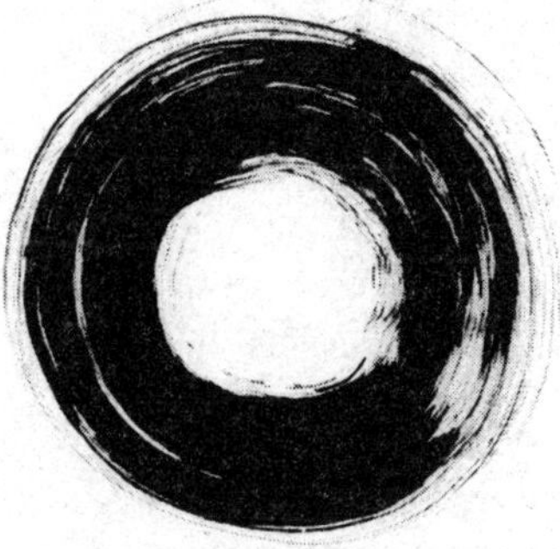

OUVRAGE RÉALISÉ
PAR L'ATELIER GRAPHIQUE ACTES SUD
REPRODUIT ET ACHEVÉ D'IMPRIMER
EN SEPTEMBRE 2025
PAR NORMANDIE ROTO IMPRESSION S.A.S.
À LONRAI
POUR LE COMPTE DES ÉDITIONS
ACTES SUD
LE MÉJAN
PLACE NINA-BERBEROVA
13200 ARLES
contact@actes-sud.fr

DÉPÔT LÉGAL
1re ÉDITION : OCTOBRE 2025
N° impr. : 2503430
*(Imprimé en France)*